ative
BEI GRIN MACHT SICH IHR WISSEN BEZAHLT

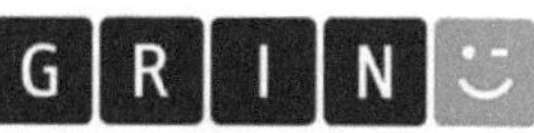

- Wir veröffentlichen Ihre Hausarbeit, Bachelor- und Masterarbeit

- Ihr eigenes eBook und Buch - weltweit in allen wichtigen Shops

- Verdienen Sie an jedem Verkauf

Jetzt bei www.GRIN.com hochladen und kostenlos publizieren

GRIN

Ernst Probst

Katharine Hepburn - Die "Königinmutter von Hollywood"

GRIN Verlag

Bibliografische Information der Deutschen Nationalbibliothek:

Die Deutsche Bibliothek verzeichnet diese Publikation in der Deutschen National-
bibliografie; detaillierte bibliografische Daten sind im Internet über http://dnb.d-
nb.de/ abrufbar.

Dieses Werk sowie alle darin enthaltenen einzelnen Beiträge und Abbildungen
sind urheberrechtlich geschützt. Jede Verwertung, die nicht ausdrücklich vom
Urheberrechtsschutz zugelassen ist, bedarf der vorherigen Zustimmung des Verla-
ges. Das gilt insbesondere für Vervielfältigungen, Bearbeitungen, Übersetzungen,
Mikroverfilmungen, Auswertungen durch Datenbanken und für die Einspeicherung
und Verarbeitung in elektronische Systeme. Alle Rechte, auch die des auszugsweisen
Nachdrucks, der fotomechanischen Wiedergabe (einschließlich Mikrokopie) sowie
der Auswertung durch Datenbanken oder ähnliche Einrichtungen, vorbehalten.

Impressum:

Copyright © 2012 GRIN Verlag, Open Publishing GmbH
Druck und Bindung: Books on Demand GmbH, Norderstedt Germany
ISBN: 978-3-656-19947-2

Dieses Buch bei GRIN:

http://www.grin.com/de/e-book/194080/katharine-hepburn-die-koeniginmutter-
von-hollywood

GRIN - Your knowledge has value

Der GRIN Verlag publiziert seit 1998 wissenschaftliche Arbeiten von Studenten, Hochschullehrern und anderen Akademikern als eBook und gedrucktes Buch. Die Verlagswebsite www.grin.com ist die ideale Plattform zur Veröffentlichung von Hausarbeiten, Abschlussarbeiten, wissenschaftlichen Aufsätzen, Dissertationen und Fachbüchern.

Besuchen Sie uns im Internet:

http://www.grin.com/

http://www.facebook.com/grincom

http://www.twitter.com/grin_com

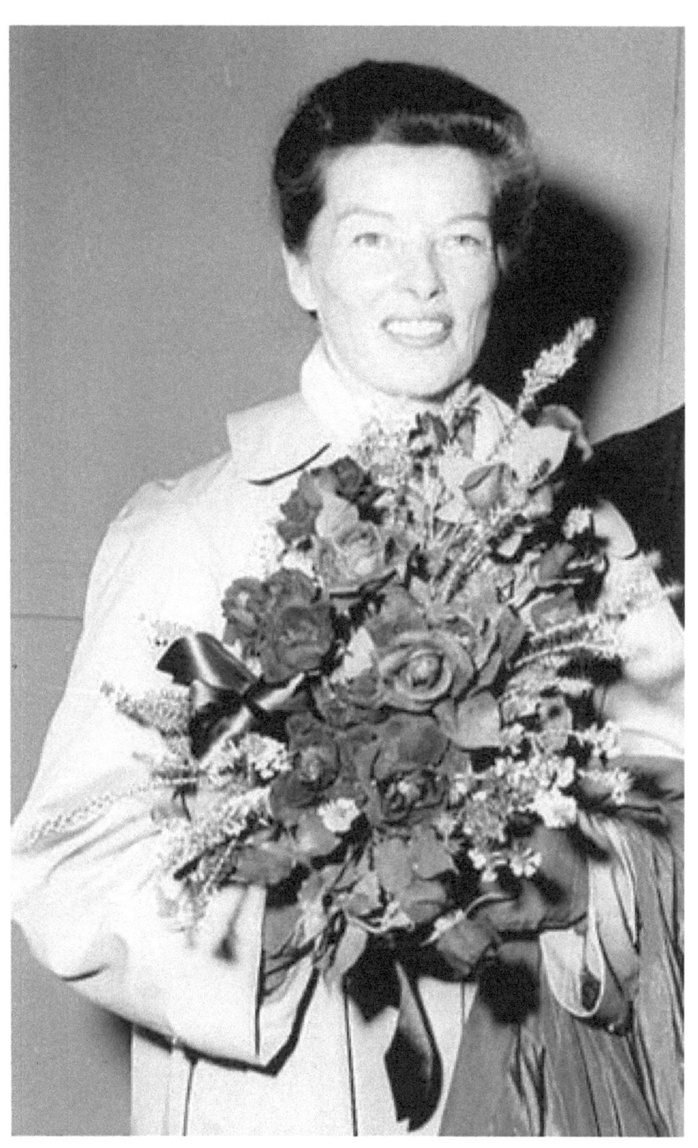

Katharine Hepburn (1907–2003)

Ernst Probst

Katharine Hepburn

Die „Königinmutter
von Hollywood"

Beate Werner,
Bernd Werner,
Marianne Werner,
Otto Werner,
Sonja Werner,
Dr. Jochen Werner,
Christine Werner und
Steffen Werner
gewidmet

Katharine Hepburn

Die „Königinmutter von Hollywood"

Der einzige weibliche Filmstar, der im Laufe seiner Karriere insgesamt vier „Oscars" als beste Schauspielerin einheimste, war Katharine Hepburn (1907–2003). Begeisterte Kritiker bezeichneten sie als die „Königinmutter von Hollywood". Weniger begeistert waren von ihr viele Regisseure und Produzenten, mit denen sich die rebellische Diva anlegte.

Katharine Houghton Hepburn kam am 12. Mai 1907 als zweites von sechs Kindern des Arztes Thomas Norval Hepburn (1879–1962) und der Lehrerin Katharine („Kit") Martha Houghton Hepburn (1878–1951) in Hartford, der Hauptstadt des US-Bundesstaates Connecticut, zur Welt. Sie selbst bezeichnete 1909 als ihr Geburtsjahr und machte sich damit um zwei Jahre jünger.

Alle Kinder der Hepburns erhielten den Geburtsnamen Houghton der Mutter als zweiten Vornamen. Die Kinder hießen Thomas Houghton (1905–1921), Katharine Houghton (1907–2003), Richard Houghton (1911–2000), Robert Houghton (1913–2007), Marion Houghton (1918–1986) und Margaret Houghton (1920–2006).

Katharines Vater arbeitete als Chirurg und Urologe am Hartford Hospital. Als einer der Ersten machte er auf sexuell übertragbare Erkrankungen aufmerksam. Ihre Mutter wurde nach dem Besuch eines Vortrages der britischen Frauenrechtlerin Emmeline Pankhurst (1858–1928) Präsidentin der Vereinigung für Frauenwahlrecht in Connecticut. Im Online-Lexikon „Wikipedia" wird die sechsfache Mutter auch als Pionierin der Geburtenkontrolle bezeichnet. Zu den Vorfahren von Katharine Hepburn gehörte James Hepburn, 4. Earl of Bothwell (um 1534–1578), der dritte Ehemann der schottischen Königin Maria I. Stuart (1542–1587).

Katharine wollte als kleines Mädchen angeblich lieber ein Junge sein. Auch als erwachsene Frau trug sie später Hosen statt Röcke.

Am 3. April 1921 hatte die 13-jährige Katharine ein furchtbares Erlebnis. Sie fand ihren 15-jährigen Bruder Thomas („Tom") erhängt auf dem Dachboden des elterlichen Hauses. Die Eltern glaubten nicht an einen Selbstmord, sondern hielten den Tod ihres angeblich glücklichen Sohnes für die Folge eines Unfalls. Katharine litt danach unter schweren Depressionen. Bis 1991 gab sie als ihren Geburtstag den 8. November an, an dem ihr Bruder Tom zur Welt gekommen war.

Katharine besuchte die „West Middle School" und die „Oxford School for Girls" in ihrem Geburtsort. Erste schauspielerische Gehversuche unternahm Katharine während ihrer Sommerferien in Fenwick, etwa 70

Kilometer von Hartford entfernt. Dort führte sie einmal zusammen mit ihrer Freundin Alice Barbour auf einer Terrasse das Stück „Die Schöne und das Biest" auf. Alice spielte die Schöne, Katharine die Bestie. Das Publikum saß auf dem Rasen des Nachbarhauses.
1925 begann Katharine Hepburn ein dreijähriges Studium der Psychologie am „Bryn Mawr College". Dort schätzte man sie auch als ausgezeichnete Tennisspielerin. 1927 lernte sie in „Bryn Mawr" den Börsenmakler Ludlow Ogden Smith (1899–1979), genannt „Luddy", kennen, den sie im Dezember 1928 heiratete. Von ihm verlangte sie, dass er seinen Namen in „S. Ogden Ludlow" abändern sollte, weil sie nicht unter dem alltäglich klingenden Namen Katharine Smith auftreten wollte.
Im Alter von 21 Jahren erreichte Katharine Hepburn 1928 in Baltimore beim Produzenten Edwin H. Knopf, dass er ihr eine Rolle in dem Bühnenstück „The Czarina" („Die Zarin") überließ. Darin verkörperte sie eine Hofdame. Wegen ihres starken Selbstbewusstseins und ihrer scharfen Zunge gegenüber Kollegen/innen erhielt sie später – in Anlehnung an ihr erstes Stück – den scherzhaften Beinamen „Die Zarin".
Ebenfalls 1928 engagierte man Katharine Hepburn als zweite Besetzung für die weibliche Hauptrolle in dem Stück „The Big Pond" im New Yorker „Great-Neck-Theater". Sie musste bereits bei der Premiere einspringen, sprach aber viel zu schnell, verzettelte sich im Text

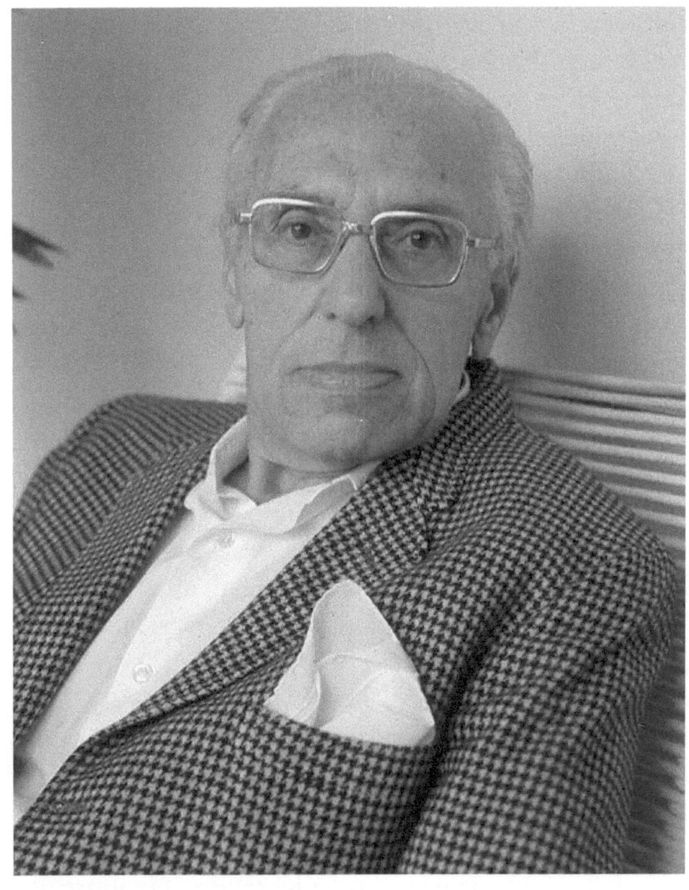

George Cukor (1899–1983)

und war teilweise überhaupt nicht zu verstehen. In manchen Biografien heißt es, das Publikum habe ihr mitten in einer Szene applaudiert. Das Management des Theaters war mit ihrer Spielweise unzufrieden und feuerte sie sofort.

Nach diesem Desaster gab Katharine Hepburn die Schauspielerei aber nicht auf. Sie nahm Sprech- und Tanzunterricht und erhielt tatsächlich eine erste große Rolle in dem Theaterstück „These Days", das am 12. November 1928 am Broadway in New York City seine Premiere hatte. In der Folgezeit spielte sie kleinere und größere Theaterrollen. Mit ihrer Rolle als „Antiope" in dem Stück „The Warrior's Husband" erregte sie die Aufmerksamkeit von Hollywood.

Am 4. Juli 1932 verließ Katharine Hepburn ihren Ehemann Ludlow Ogden Smith und zog nach Hollywood. Der erste Film, in dem sie auftrat und der ein Erfolg wurde, hieß „A Bill of Divorcement" („Eine Scheidung", 1932). Darin mimte sie die Tochter eines geisteskranken Mannes, dem zuliebe sie auf ihr eigenes Glück verzichtete. Als Regisseur fungierte George Cukor (1899–1983), mit dem sie insgesamt acht Filme drehte. Außer für diesen Streifen stand sie in den anderthalb Jahren vom Juni 1932 bis Ende Dezember 1933 noch für „Christopher Strong" („Ihr großes Erlebnis", 1933), „Morning Glory" („Morgenrot des Ruhms", 1933), „Little Women" („Vier Schwestern", 1933) und „Spitfire" (1934) vor der Kamera. Für ihren dritten Film

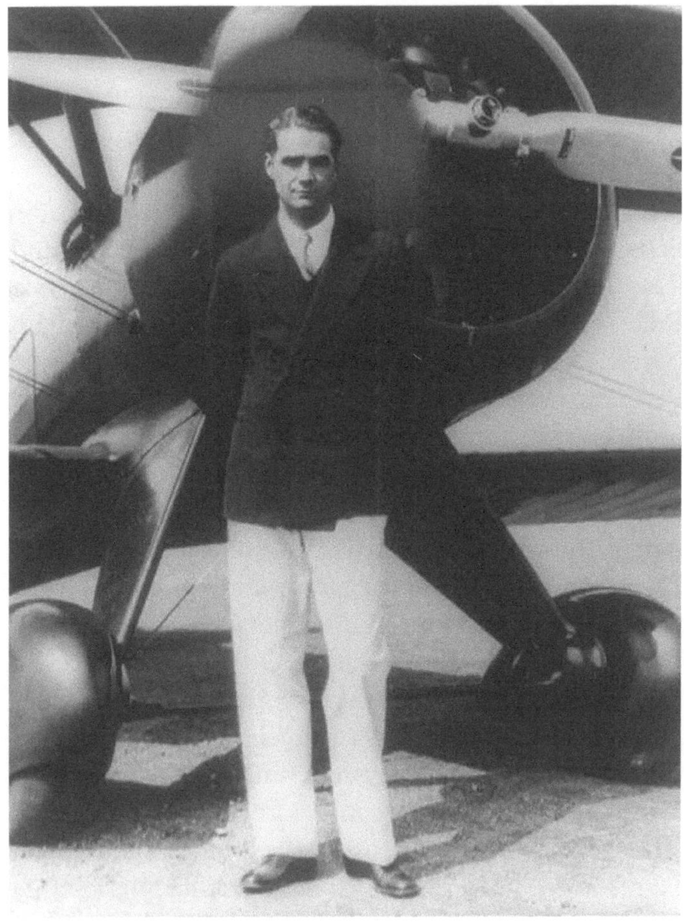

Howard Hughes (1905–1976)

„Morgenrot des Ruhms" erhielt sie 1934 den „Oscar" als beste Hauptdarstellerin.

1934 wurde die erste Ehe von Katharine Hepburn mit Ludlow Ogden Smith geschieden. Sie hatte sechs Jahre gedauert.

Nach der Scheidung von Smith war Katharine Hepburn drei Jahre lang mit dem legendären Unternehmer Filmproduzenten und Luftfahrtpionier Howard Hughes (1905–1976) liiert. Dieser hat sein Erbe, das 1925 offiziell einen Wert von 613.518 US-Dollar besaß, allmählich in ein Milliardenimperium verwandelt.

Hughes war, wie Katharine später sagte, ein merkwürdiger Bursche. Er hatte Charakter, wusste viel, war aber sehr schwerhörig. Statt zu erklären, er höre schlecht und man solle lauter mit ihm reden, konnte er oft der Unterhaltung nicht mehr folgen und reagierte falsch. Diese Schwäche machte ihn zum komischen Kauz.

Wenn er etwas wollte, konnte Hughes sehr hartnäckig sein. So war es auch, nachdem er sich in den Kopf gesetzt hatte, die attraktive Katharine Hepburn kennenlernen zu wollen. Bei den Dreharbeiten für den Film „Scarlett" (1936) in Kalifornien kreiste er mit seinem Flugzeug über den Köpfen der Filmleute, die gerade ein Mittagessen einnahmen, und landete auf einem nahegelegenen Feld. Katharine sah ihn nicht an, als er wenig später bei den Filmleuten erschien.

Bei einer anderen Gelegenheit landete Hughes mit seinem Flugzeug auf einem Golfplatz, auf dem

Katharine gerade am siebten Loch spielte. Er nahm seine Schläger und spielte bis zum neunten Loch mit. Weil sein Flugzeug auf dem Golfplatz nicht starten konnte, wurde es zerlegt und mit einem Lastwagen abtransportiert. Katharina fragte ihn danach, ob sie ihn irgendwo hinfahren sollte. Er bejahte und sie brachte ihn zu einem Hotel.

Zwei Monate später quartierte sich Hughes in Boston im Hotel „Ritz" ein, in dem auch Katharina wohnte, als sie damals im „Colonial Theatre" spielte. Nach der Vorstellung fühlte sich Katharina etwas einsam und aß erstmals gemeinsam mit Hughes zu Abend. Am nächsten Tag aßen sie wieder gemeinsam ...

In der Folgezeit wurde Katharine Hepburn von Hughes auf ihrer Tournee durch mehrere US-Bundestaaten begleitet. Davon erfuhr die Presse und spekulierte schon über eine Heirat. Nach der Tournee zog Katharine in das Haus von Hughes.

Ein Hit auf der Kinoleinwand wurde neben dem bereits erwähnten Streifen „Little Women" („Vier Schwestern", 1933) auch „Stage Door" („Der Bühneneingang", 1937). Danach erlebte Katharine Hepburn als Filmschauspielerin nicht nur Licht, sondern auch Schatten. Als einige ihrer Streifen finanziell Reinfälle wurden, galt sie eine Zeitlang als „Kassengift".

Ende 1937 oder Anfang 1938 beschloss Katharine Hepburn, an die Ostküste zurückzukehren, um dort Theater zu spielen oder beruflich etwas anderes zu machen. Als Katharine tatsächlich an die Ostküste ging, blieb ihr Geliebter Howard an der Westküste. Obwohl sie Hughes mochte, wollte sie ihn nicht heiraten. Sie gab ihrer Karriere den Vorzug vor ihrem Privatleben. Ähnliches kennt man auch von anderen weiblichen Filmstars.

Man sah Katharine Hepburn unter anderem in „Bringing Up Baby" („Leoparden küßt man nicht", 1938), „The Philadelphia Story" („Die Nacht vor der Hochzeit", 1940), „Woman of the Year" („Die Frau, von der man spricht", 1942), „State of the Union" („Der beste Mann", 1948), „Adam's Rib" („Ehekrieg", 1949), „African Queen" (1951) mit Humphrey Bogart (1899–1957), „Pat and Mike" (1952), „The Rainmaker" („Der Regenmacher", 1956), „Rooster Cogburn" („Mit Dynamit und frommen Sprüchen", 1975) und „The Ultimate Solution of Grace Quigley" („Grace Quigleys letzte Chance", 1985).

Der Solo-Nachspann von Katharine Hepburn in „State of the Union" nahm fast die Hälfte der Kinoleinwand ein. Dabei sah man die falsche Schreibweise „Katherine" ihres Vornamens. Dieser Fehler passierte nicht nur einmal.

In „Woman of the Year" stand Katharine Hepburn erstmals zusammen mit dem sieben Jahre älteren Schauspieler Spencer Tracy (1900–1967) vor der Filmkamera. An seiner Seite drehte sie insgesamt neun Streifen. Tracy war 26 Jahre lang von 1941 bis zu seinem Tod 1967 ihr

Lebensgefährte. Seine katholische Frau ließ sich aus religiösen Gründen nicht scheiden.

Am 17. März 1951 starb Katharine Martha Houghton Hepburn, die Mutter von Katharine Hepburn, im Alter von 73 Jahren in West Hartfort (Connecticut). Wenige Monate später heiratete der Vater erneut. Seine zweite Ehefrau war die rund 20 Jahre jüngere Operationsschwester Madeline Santa Croce Hepburn (1901–1990). Als diese einige Jahre zuvor ihren todkranken Vater pflegte, hatte er erkannt, dass sie das Talent für eine hervorragende Krankenschwester besaß und ihr die Ausbildung hierfür bezahlt.

Katharine Hepburn und Spencer Tracy hielten ihre Beziehung geheim. In der Öffentlichkeit traten sie nicht zusammen auf. Nie hatten sie eine gemeinsame Wohnung. Auf Reisen buchten sie immer getrennte Zimmer. Katharine beriet Spencer bei der Auswahl seiner Rollen und half ihm, seine Alkoholsucht zu bekämpfen.

Wegen Spencer Tracy legte Katharine Hepburn 1962 bis 1967 eine fünfjährige Pause ein, um den Herzkranken zu pflegen. Ein amerikanisches Magazin schrieb über das Paar: „Die Romanze der beiden war die größte Liebesgeschichte, die nie erzählt wurde." Tracy starb 1967 durch Herzversagen. Nach seinem Tod rief Katharine erstmals bei seiner Ehefrau an. Aus Rücksicht auf seine Gattin kam sie nicht zur Beerdigung. Später erklärte Katharine über ihre Beziehung mit Spencer: „Nur seine Interessen und Bedürfnisse zählten. Das war nicht so einfach für mich, weil ich eine entschiedene Egozentrikerin bin."

Sogar im reiferen Alter bot man Katharine Hepburn noch großartige Rollen an, beispielsweise mit 68 Jahren im Fernsehfilm „Love Amongs the Ruins" (1975) und im Kinofilm „Rooster Cogburn" („Mit Dynamit und frommen Sprüchen", 1975). Ab Mitte der 1980-er Jahre zog sie sich schrittweise aus dem Filmgeschäft zurück. In ihren letzten Filmen bezog sie die Fahrigkeit ihrer Bewegungen geschickt in ihre Rollen ein. Darüber sagte sie sarkastisch: „In meinem Alter gibt es nicht mehr viel Auswahl an Rollen — gewöhnlich spiele ich eine alte Schachtel, die etwas daneben ist. 1991 bewies sie mit ihrer Autobiografie ihre schriftstellerische Begabung. 1993 wirkte sie in „This Can't Be Love" („Liebe ist nicht bloß ein Wort") mit. Zum letzten Mal stand sie für „Perfect Love Affair" (1994) vor der Filmkamera.

Katharine Hepburn erhielt je einen „Oscar" als beste Schauspielerin in den Filmen „Morning Glory" („Morgenrot des Ruhms", 1933), „Guess Who's Coming to Dinner" („Rat mal, wer zum Essen kommt?", 1967), „The Lion in Winter" („Der Löwe im Winter", 1968) und „On golden Pond" („Am goldenen See", 1981) sowie für ihr Lebenswerk. In „Rat mal, wer zum Essen kommt?" stand Katharine Hepburn mit ihrer 1945 geborenen gleichnamigen Nichte Katharine Hepburn, einer Tochter ihrer Schwester Marion, gemeinsam vor

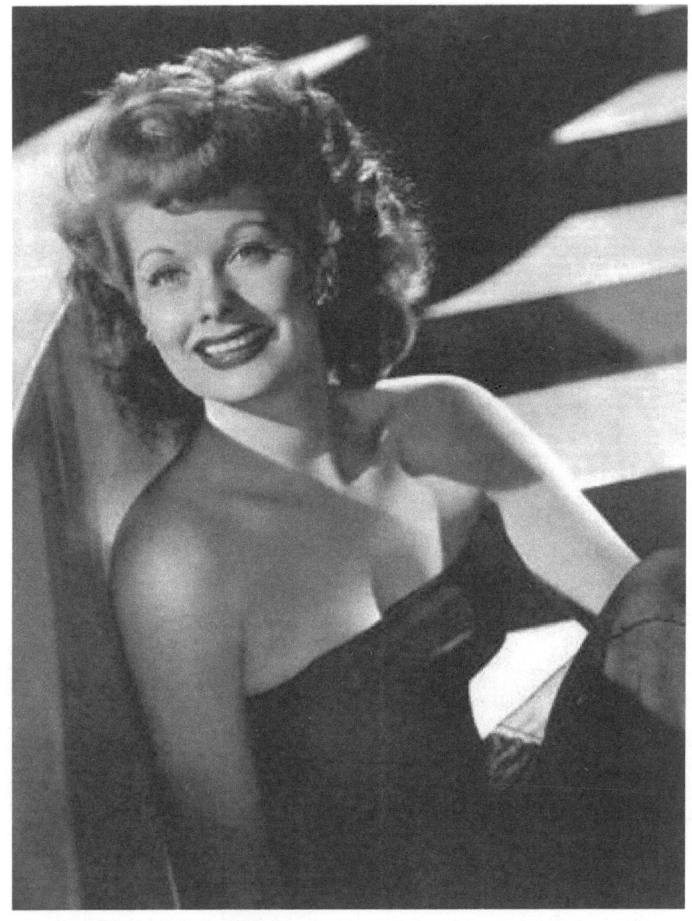

Lucille Ball (1911–1989)

der Kamera. In „Der Löwe im Winter" spielte sie die französische Königin Eleonore von Aquitanien (um 1122–1204) aus dem Mittelalter so überzeugend, dass dies als die Rolle ihres Lebens bezeichnet wurde.

Insgesamt nominierte man Katharine Hepburn zwölfmal für den „Oscar". Nur Meryl Streep wurde noch öfter für den „Oscar" nominiert. Nämlich 17mal! Kritiker rühmten das unnachahmliche Talent von Katharine Hepburn bei der Verkörperung unkonventioneller, selbständiger, schlagfertiger und kämpferischer Gesellschaftsdamen oder später Mädchen. 1983 wurde sie von Fachjournalisten zur „besten Filmschauspielerin aller Zeiten" gewählt und 1995 zur „besten Schauspielerin in der 100-jährigen Geschichte des Films".

Mitmenschen hatten es mit Katharine Hepburn nicht immer leicht. Wegen ihrer für ihre Zeit hohen und in ihrem beruflichen Umfeld ungewöhnlichen Bildung erschien sie manchen Kollegen/innen als arrogant. Die amerikanische Schauspielerin Lucille Ball (1911–1989) erklärte über Katharine: „Sie war niemandem gegenüber wirklich überheblich. Sie ignorierte alle gleichermaßen."

Erfolg hatte Katharine Hepburn auch als Schriftstellerin. Ihr Erinnerungsbuch trug den ungewöhnlich langen Titel „The Making of The African Queen, Or How I Went to Africa with Bogart, Bacall and Huston and Almost Lost My Mind" (1987). Die deutsche

Fassung hieß „African Queen oder wie ich mit Bogart, Bacall und Huston fuhr und fast den Verstand verlor" (1988). Einige Jahre später folgen ihre Memoiren „Me – Stories of my life" (1991, deutsch: „Ich. Geschichte meines Lebens"). All diese Bücher erhielten gute Kritiken.

Von der Schlagfertigkeit von Katharine Hepburn zeugen etliche Zitate. Unter anderem sagte sie: „Ich frage mich, ob Männer und Frauen wirklich zueinander passen. Vielleicht sollten sie nur nebeneinander wohnen und sich ab und zu besuchen". „Schauspielerei ist ein netter, kindischer Beruf – man gibt vor, jemand anderer zu sein und gleichzeitig verkauft man sich". „Wenn du immer das tust, was du möchtest, ist wenigstens schon mal ein Mensch glücklich".

Katharine Hepburn starb am 29. Juni 2003 in Old Saybrook (Connecticut) im Alter von 96 Jahren an einer Krebserkrankung. Zum Gedenken an ihren Tod wurde der Broadway in New York City für eine Minute komplett verdunkelt. Ihr Grab befindet sich auf dem Friedhof „Cedar Hill Cemetery" in ihrem Geburtsort Hartford in Connecticut. Das Hamburger Nachrichten-Magazin „Der Spiegel" bezeichnete sie im Nachruf als „Hollywoods letzte Herrscherin".

2002 wurde das Solo-Theaterstück „Tea a Five" uraufgeführt, das auf der Biografie von Katharine Hepburn fußt. Kate Mulgrew verkörperte darin die Hepburn.

In dem Film „Aviator" (2004) über das Leben von Howard Hughes spielte auch dessen Beziehung zu Katharine Hepburn eine wichtige Rolle. Darin wurde Katharine von Cate Blanchett dargestellt, die für ihre Rolle mit dem „Oscar" als beste Nebendarstellerin ausgezeichnet wurde. Nicht ganz der Wahrheit entsprach in „Aviator", dass sich die Hepburn wegen Spencer Tracy von Hughes trennte. In Wirklichkeit verließ sie ihn bereits drei Jahre vor ihrer Beziehung mit Tracy.

Filme von Katharine Hepburn

1932: Eine Scheidung (A Bill of Divorcement)
1933: Ihr großes Erlebnis (Christopher Strong)
1933: Morgenrot des Ruhms (Morning Glory)
1933: Vier Schwestern (Little Women)
1934: Spitfire
1934: The Little Minister
1935: Break of Hearts
1935: Alice Adams
1936: Sylvia Scarlett
1936: Maria von Schottland (Mary of Scotland)
1936: Ein aufsässiges Mädchen (A Woman Rebels)
1937: Quality Street
1937: Bühneneingang (Stage Door)
1938: Leoparden küßt man nicht (Bringing up Baby)
1938: Die Schwester der Braut (Holiday)
1940: Die Nacht vor der Hochzeit (The Philadelphia Story)
1942: Die Frau, von der man spricht (Woman of the Year)
1942: Die ganze Wahrheit bzw. Hüter der Flamme (Keeper of the Flame)
1943: Stage Door Canteen
1944: Dragon Seed
1945: Zu klug für die Liebe (Without Love)

1946: Der unbekannte Geliebte (Undercurrent)
1947: Endlos ist die Prärie (The Sea of Grass)
1947: Clara Schumanns große Liebe (Song of Love)
1948: Der beste Mann (State of the Union)
1949: Ehekrieg (Adam's Rib)
1951: African Queen (The African Queen)
1952: Pat und Mike (Pat and Mike)
1955: Traum meines Lebens (Summertime)
1956: Der Regenmacher (The Rainmaker)
1956: Der eiserne Unterrock (The Iron Petticoat)
1957: Eine Frau, die alles weiß (Desk Set)
1959: Plötzlich im letzten Sommer (Suddenly Last
Summer)
1962: Long Day's Journey Into Night
1967: Rat mal, wer zum Essen kommt (Guess
Who's Coming to Dinner)
1968: Der Löwe im Winter (The Lion in Winter)
1969: Die Irre von Chaillot (The Madwoman of
Chaillot)
1971: Die Trojanerinnen (The Trojan Women)
1975: Mit Dynamit und frommen Sprüchen
(Rooster Cogburn)
1978: Das große Abenteuer im Ballon (Olly Olly
Oxen Free)
1981: Am goldenen See (On Golden Pond)
1985: Grace Quigleys letzte Chance (The Ultimate
Solution of Grace Quigley)

1993: Liebe ist nicht bloß ein Wort (This Can't Be
Love)
1994: Perfect Love Affair (Love Affair)

Quelle: Wikipedia

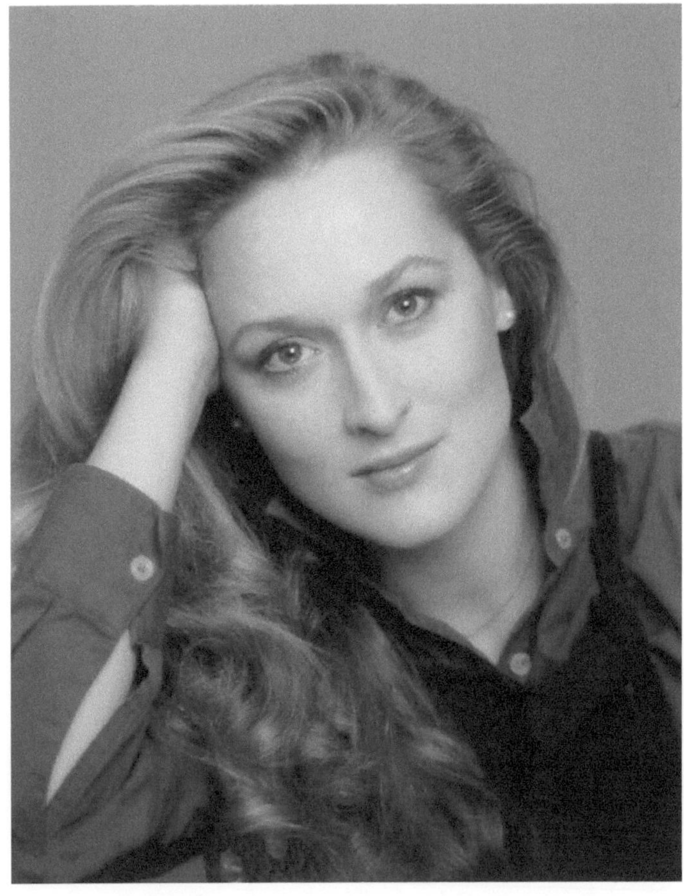

*Meryl Streep wurde noch öfter für den „Oscar" nominiert
als Katharine Hepburn*

Auszeichnungen von Katharine Hepburn

„Oscars" in der Kategorie „beste Hauptdarstellerin":

1933 – Morning Glory
1967 – Rat mal, wer zum Essen kommt (Guess, Who's Coming to Dinner?)
1968 – Der Löwe im Winter (The Lion in Winter)
1981 – Am goldenen See (On Golden Pond)

„Oscar"-Nominierungen in der Kategorie „beste Hauptdarstellerin":
1935 – Alice Adams
1940 – Die Nacht vor der Hochzeit (The Philadelphia Story)
1942 – Die Frau, von der man spricht (Woman of the Year)
1951 – African Queen (The African Queen)
1955 – Traum meines Lebens (Summertime)
1956 – Der Regenmacher (The Rainmaker)
1959 – Plötzlich im letzten Sommer (Suddenly Last Summer)
1962 – Long Day's Journey into Night

Golden-Globe-Nominierungen:
1953 – Musical / Comedy: Pat und Mike
1957 – Drama: Der Regenmacher
1960 – Drama: Plötzlich im letzten Sommer
1968 – Drama: Rat mal, wer zum Essen kommt
1969 – Drama: Der Löwe im Winter
1982 – Drama: Am goldenen See
1993 – Fernsehmehrteiler/Fernsehfilm: Kein Engel
auf Erden

American Film Institute:
Platz 1 auf der Liste der Top 25 der weiblichen
Filmstars

Weitere Auszeichnungen:
1979 – Screen Actors Guild Life Achievement
Award für ihr Lebenswerk und ihre Verdienste um
die Schauspielerei
Stern auf dem „Hollywood Walk of Fame" (6288
Hollywood Boulevard.)

Quelle: Wikipedia

Zitate von Katharine Hepburn

Ich frage mich oft, ob Männer und Frauen wirklich zueinander passen. Vielleicht sollten sie nur nebeneinander wohnen und sich ab und zu besuchen.

Ich hatte schon immer den Verdacht, dass das Ausblasen der Kerzen auf der Geburtstagstorte ein getarnter Gesundheitstest für die Versicherung ist.

Ich wollte immer Filmschauspielerin werden. Ich dachte, es wäre romantisch – und das war es.

Je älter man wird, desto mehr ähnelt die Geburtstagstorte einem Fackelzug.

Liebe ist nicht das, was man erwartet zu bekommen, sondern das, was man bereit ist, zu geben.

Schauspielerei ist ein netter, kindischer Beruf – man gibt vor, jemand anderer zu sein und gleichzeitig verkauft man sich.

Was einen Star ausmacht? Es ist entweder eine Art elektrisierender Spannung oder eine Art von Energie.

Ich weiß es nicht genau. Aber egal, was es ist: Ich habe es!

Wenn du dich immer an die Regel hältst, verpasst du eine Menge Spaß.

Wenn du immer das tust, was du möchtest, ist wenigstens schon mal ein Mensch glücklich.

Wenn Frauen unergründlich erscheinen, dann liegt es am fehlenden Tiefgang der Männer.

Wenn Liebe in Freundschaft übergeht, kann sie nicht sehr groß gewesen sein.

Wenn Sie die Bewunderung vieler Männer gegen die Kritik eiens einzigen eintauschen wollen, dann los, heiraten Sie!

Literatur

FEMBIO Frauen-Biographie-Forschung
http://www.fembio.org
HEINZLMEIER, Adolf / SCHULZ, Bernd / WITTE, Karsten: Die Unsterblichen des Kinos, Band 2, Glanz und Mythos der Stars der 40er und 50er Jahre, Frankfurt am Main 1980
HEPBURN, Katharine: Ich – Geschichten meines Lebens, München 2004
INTERNET MOVIE DATABASE
http://www.imdb.com
PROBST, Ernst: Superfrauen 7 – Film und Theater, Mainz-Kostheim 2001
PUBLIKUMSLIEBLINGE NICHT NUR VON GESTERN http://www.steffi-line.de
Internetseite von Stephanie D'heil, Düsseldorf
WIKIPEDIA (Online-Lexikon) http://wikipedia.org
WINNERT, Derek (Herausgeber): Katharine Hepburn. Aus: Kino. Die große Welt der Filme und Stars, S. 102, Niedernhausen 1995

Bildquellen

Klaus Benz, Fotograf, Mainz-Laubenheim: 34
State Library of New South Wales, Australian Photographic Agency (APA) Collection (Foto von 1955 bei der Ankunft von Katharine Hepburn auf dem Kingsford Smith Aiport, Sydney): 1
Library of Congress, Prints and Photographs Division, Washington (Foto aus den 1940-er Jahren): 12
Jack Mitchell/CC-BY-SA3.0: 26 (via Wikimedia Commons), lizensiert unter CreativeCommons-Lizenz by-sa-3.0-de
http://creativecommons.org/licenses/by-sa/3.0/legalcode
Alan Warren/CC-BY-SA3.0 (Foto von 1973): 10 (via Wikimedia Commons), lizensiert unter CreativeCommons-Lizenz by-sa-3.0-de
http://creativecommons.org/licenses/by-sa/3.0/legalcode
Yank, the Army Weekly: 18

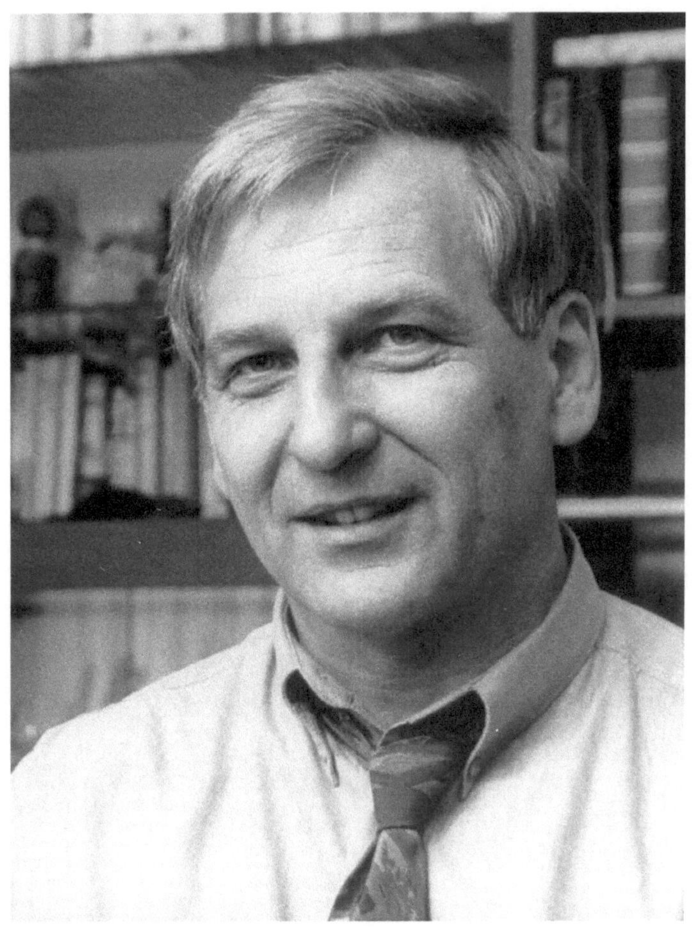

Autor Ernst Probst

Der Autor Ernst Probst

Ernst Probst, geboren am 20. Januar 1946 in Neunburg
vorm Wald im bayerischen Regierungsbezirk Oberpfalz,
ist Journalist und Wissenschaftsautor. Er arbeitete von
1968 bis 1971 als Redakteur bei den „Nürnberger Nachrichten", von 1971 bis 1973 in der Zentralredaktion des
„Ring Nordbayerischer Tageszeitungen" in Bayreuth
und von 1973 bis 2001 bei der „Allgemeinen Zeitung",
Mainz. In seiner Freizeit schrieb er Artikel für die
„Frankfurter Allgemeine Zeitung", „Süddeutsche Zeitung", „Die Welt", „Frankfurter Rundschau", „Neue
Zürcher Zeitung", „Tages-Anzeiger", Zürich, „Salzbur-
ger Nachrichten", „Die Zeit", „Rheinischer Merkur",
„Deutsches Allgemeines Sonntagsblatt", „bild der
wissenschaft", „kosmos", „Deutsche Presse-Agentur"
(dpa), „Associated Press" (AP) und den „Deutschen
Forschungsdienst" (df). Aus seiner Feder stammen die
Bücher „Deutschland in der Urzeit" (1986), „Deutsch-
land in der Steinzeit" (1991) und „Deutschland in der
Bronzezeit" (1996). Von 2001 bis 2006 betätigte sich
Ernst Probst als Buchverleger sowie zeitweise als
internationaler Fossilienhändler und Antiquitätenhänd-
ler. Insgesamt veröffentlichte er rund 200 Bücher,
Taschenbücher, Broschüren und E-Books.

Bücher von Ernst Probst

(Auswahl)

Als Mainz noch nicht am Rhein lag

Annie Oakley
Die Meisterschützin des Wilden Westens

Archaeopteryx. Der Urvogel
aus Bayern

Christl-Marie Schultes. Die erste Fliegerin in Bayern
(zusammen mit Theo Lederer)

Cortés und Malinche. Der spanische Eroberer
und seine indianische Geliebte

Der Europäische Jaguar

Der Mosbacher Löwe
Die riesige Raubkatze aus Wiesbaden

Der Rhein-Elefant
Das Schreckenstier von Eppelsheim

Der Sögel-Wohlde-Kreis

Die nordische Bronzezeit in Deutschland

Die Hügelgräber-Kultur in Deutschland

Die ältere Bronzezeit in Nordrhein-Westfalen

Die Bronzezeit in der Lüneburger Heide

Die Stader Gruppe

Die Oldenburg-emsländische Gruppe

Die Urnenfelder-Kultur in Deutschland

Die ältere Niederrheinische Grabhügel-Kultur

Die Unstrut-Gruppe

Die Helmsdorfer Gruppe

Die Saalemündungs-Gruppe

Die Lausitzer Kultur in Deutschland

Eiszeitliche Leoparden in Deutschland

Frauen im Weltall

Hildegard von Bingen. Die deutsche Prophetin

Höhlenlöwen. Raubkatzen
im Eiszeitalter

Julchen Blasius
Die Räuberbraut des Schinderhannes

Katharina II. die Große.
Die Deutsche auf dem Zarenthron

Johann Jakob Kaup
Der große Naturforscher aus Darmstadt

Königinnen der Lüfte in Deutschland

Königinnen der Lüfte in Europa

Königinnen der Lüfte in Amerika

Königinnen der Lüfte von A bis Z

Rund 70 Kurzbiografien berühmter Fliegerinnen,
Ballonfahrerinnen, Luftschifferinnen,
Fallschirmspringerinnen, Astronautinnen und
Kosmonautinnen

Königinnen des Films

Königinnen des Tanzes

Königinnen des Theaters

Malende Superfrauen

Meine Worte sind wie die Sterne

Die Entstehung der Rede des Häuptlings Seattle
(zusammen mit Sonja Probst)

Monstern auf der Spur
Wie die Sagen über Drachen, Riesen
und Einhörner entstanden

Neues vom Ur-Rhein
Interview mit dem Geologen und Paläontologen
Dr. Jens Sommer

Österreich in der Frühbronzezeit

Österreich in der Mittelbronzezeit

Österreich in der Spätbronzezeit

Pompadour und Dubarry. Die Mätressen
von Louis XV.

Raub-Dinosaurier von A bis Z.
Mit Zeichnungen von Dmitry Bogdanav
und Nobu Tamura

Rekorde der Urmenschen
Erfindungen, Kunst und Religion

Rekorde der Urzeit
Landschaften, Pflanzen und Tiere

Säbelzahnkatzen. Von Machairodus
bis zu Smilodon

Säbelzahntiger am Ur-Rhein. Machairodus
und Paramachairodus

Superfrauen aus dem Wilden Westen

Superfrauen 1 – Geschichte

Superfrauen 2 – Religion

Superfrauen 3 – Politik

Superfrauen 4 – Wirtschaft und Verkehr

Superfrauen 5 – Wissenschaft

Superfrauen 6 – Medizin

Superfrauen 7 – Film und Theater

Superfrauen 8 – Literatur

Superfrauen 9 – Malerei und Fotografie

Superfrauen 10 – Musik und Tanz

Superfrauen 11 – Feminismus und Familie

Superfrauen 12 – Sport

Superfrauen 13 – Mode und Kosmetik

Superfrauen 14 – Medien und Astrologie

Tony und Bruno Werntgen. Zwei Leben für die Luftfahrt
(zusammen mit Paul Wirtz)

Was ist ein Menhir?
Interview mit dem Mainzer Archäologen
Dr. Detert Zylmann

Weisheiten der Indianer

Wer ist der kleinste Dinosaurier?
Interviews mit dem Wissenschaftsautor Ernst Probst

Wer war der Stammvater der Insekten?
Interview mit dem Stuttgarter Biologen
und Paläontologen Dr. Günther Bechly

Zenobia von Palmyra.
Eine Frau kämpft gegen die Römer

Bestellungen bei: http://www.grin.com